Where Have All the Whales Gone?

Secret of Whales, Kept for 50 Million Years

If I were to be born again, I want to be a whale. Because I like whales, I read books, see movies, and draw pictures of whales in my spare time. Also, I wrote three or four fairy tale books with whales.

Most of all, I like whales because they are free. I'm not certain whether they are actually free or not, but I definitely believe that they are. There are no divisions between countries and towns in the sea. Whales swim all across the seas without restraint since there are no walls or fences. It is like birds flying in the sky.

That's not all. There are few predators for them. Even horrible sharks can't attack them since they are too huge to attack. They swim across the oceans with ease, snatch up enough foods at once by opening their mouths, and enjoy there own happiness calmly and peacefully.

However, everything has changed. There are full of unbearable noises in the sea now. Furthermore, many kinds of pollutants flood into the sea and they go into the mouth of whales.

Although they have lived as host of the Earth peacefully for over 50 million years, whales are in the threat of extinction because people have been hunting them for 200~300 years. Even at this instant, there are uncountable whales being caught for many reasons. The Earth getting hotter, melting glaciers, changing flows of seas, and disappearing food all weigh down on whales.

People can't live where whales can't. There is only one Earth, and all the living things are linked in inseparable rings.

Then, what should we do to save the whales within the brink of extinction?

First, we have to study the whales as follows: What kind of friends they are to us, why they went back to the sea long time ago, what they eat, where they migrate, how they talk, and what they think. Whales are shrouded with many mysteries. They appeared 50 million years earlier than human beings.

Oh! Over there! A whale is blowing water with a rainbow and leaping out of the sea! It disappeared showing its wing-like tail for a second.

Ok, let's follow them into the sea together!

In the Text

그 많던 고래는
어디로 갔을까

풀과바람 환경생각 05

그 많던 고래는 어디로 갔을까
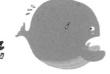
Where Have All the Whales Gone?

개정 1판 1쇄 | 2023년 2월 28일
개정 1판 3쇄 | 2024년 10월 31일

글 | 신정민
그림 | 이리

펴낸이 | 박현진
펴낸곳 | (주)풀과바람
주소 | 경기도 파주시 회동길 329(서패동, 파주출판도시)
전화 | 031) 955-9655~6
팩스 | 031) 955-9657
출판등록 | 2000년 4월 24일 제20-328호
블로그 | blog.naver.com/grassandwind
이메일 | grassandwind@hanmail.net

편집 | 이영란
디자인 | 박기준
마케팅 | 이승민

ⓒ 글 신정민 · 그림 이리, 2023

값 13,000원
ISBN 978-89-8389-114-3 73490

※잘못 만들어진 책은 구입처에서 바꾸어 드립니다.

제품명 그 많던 고래는 어디로 갔을까 | **제조자명** (주)풀과바람 | **제조국명** 대한민국
전화번호 031)955-9655~6 | **주소** 경기도 파주시 회동길 329
제조년월 2024년 10월 31일 | **사용 연령** 8세 이상
KC마크는 이 제품이 공통안전기준에 적합하였음을 의미합니다.

⚠ 주의

어린이가 책 모서리에
다치지 않게 주의하세요.

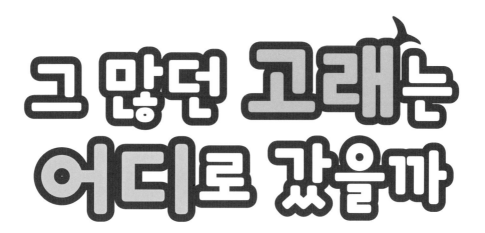

그 많던 고래는 어디로 갔을까

신정민 ·글 | 이리 ·그림

풀과바람

머리글

5000만 년 동안 간직한 고래의 비밀

나는 이다음에 다시 태어난다면 고래가 되고 싶어요. 고래가 좋아 고래 책을 읽고, 고래 영화를 보고, 틈만 나면 고래 그림을 그려요. 그동안 고래가 나오는 동화를 서너 편 쓰기도 했고요.

고래가 좋은 까닭은 무엇보다도 자유롭기 때문이에요. 실제로 고래가 자유로운지는 잘 모르겠지만, 나는 틀림없이 그럴 거라고 생각해요. 바닷속에는 마을과 마을, 나라와 나라의 구분이 없어요. 담도 없고 철조망도 없이 사방팔방 확 트인 바닷속을 고래는 마음껏 누벼요. 마치 새가 온 세상을 훨훨 나는 것처럼요.

그뿐인가요? 고래에겐 딱히 천적이 없어요. 덩치가 하도 커서 무시무시한 상어도 함부로 덤비지 못해요. 고래는 그저 느긋하게 바다 세상을 누비며, 입 한번 쩍 벌리는 것만으로도 충분한 식사를 하며, 조용하고 평화롭게 자기만의 행복을 누릴 뿐이에요.

하지만 이젠 더 이상 그렇지 않아요. 바닷속은 견딜 수 없는 소음으로 들끓고, 온갖 오염 물질이 쉴 새 없이 밀려들어 고래 입 안에 쓰레기가 들어갈 정도예요.

5000만 년 이상 지구의 주인으로 평화롭게 살아온 고래들은 지난 200~300년 사이 이어진 사람들의 사냥으로 멸종 위기에 처해 있어요. 지금 이 순간에도 갖가지 이유로 붙잡히는 고래가 헤아릴 수 없이 많아요. 점점 뜨거워지는 지구, 녹아내리는 빙하, 뒤바뀌는 바닷물의 흐름, 눈에 띄게 사라지는 먹이도 점점 고래의 등을 짓누르고요.

고래가 살 수 없는 세상에선 사람도 살 수 없어요. 지구는 하나뿐이고, 모든 생명은 그 안에서 서로 끊을 수 없는 고리로 이어져 있거든요.

그렇다면 사라져 가는 고래를 되살리기 위해 우리는 무엇을 어떻게 해야 할까요?

우선 고래에 대해 알아보아야 해요. 고래는 어떤 친구이며, 왜 까마득한 옛날에 다시 바다로 돌아갔는지, 무엇을 먹고, 어디를 돌아다니고, 어떻게 이야기하고, 또 무슨 생각을 하는지……. 사람보다 5000만 년이나 먼저 태어나 세상을 누비던 고래는 아직도 많은 신비에 싸여 있어요.

아, 바로 저기! 고래 한 마리가 무지개를 그리며 힘찬 물줄기를 뿜어내요. 멋진 '고래 뛰기'도 선보이고요. 하지만 이내 날개 같은 커다란 꼬리를 잠깐 내보인 뒤 사라지네요.

자, 어서 따라가 보자고요. 다 함께 바닷속으로 출발!

신기매

바닷속으로 출발~!

차례

이 책에 나오는 고래 이름은
우리나라에서 표준으로 삼는
《한반도 연안 고래류》
(국립수산과학원, 2000)를
따랐습니다.

1. 고래가 나타났다!

으아아……

"입 큰 괴물이 나타났다!"

"괴물이 물을 뿜는다!"

바닷가 마을에서 한바탕 난리가 났어요. 바다 한가운데 어마어마하게

크고 시커먼 괴물이 나타나 사방으로 물을 튀기고, 폭포 같은 물줄기를

하늘 높이 쭉쭉 뿜어 댔거든요. 사람들은 허둥지둥 꽁무니를 빼고 달아났

어요. 아마 물고기를 잡으러 나갔다면 한입에 꿀꺽 잡아먹혔을 거예요.

하지만 곧 괴물이 어디론가 사라지자 사람들은 가슴을 쓸어내렸어요.

거대한 바다 괴물

사람들은 고래를 보고 놀랐던 거예요. 예로부터 북극에 사는 이누이트는 거대한 고래가 땅 세상을 떠받치고 있다고 믿었고, 중국 사람들은 용처럼 생긴 거대한 물고기가 물을 뿜으며 폭풍을 일으킨다고 생각했어요.

지금처럼 크고 빠른 배가 없으니, 옛날 사람들은 이따금 바다 멀리 나타나는 커다란 고래를 보고 무시무시한 괴물인 줄로만 알았지요.

성경 속에도 고래를 닮은 거대한 바다 괴물 리바이어던이 해를 꿀꺽 삼켜 일식을 일으키고, 몸을 마구 뒤틀어 지진을 일으켰다고 기록되어 있어요.

옛이야기 속 고래

사람들이 사냥 도구와 나무배를 만들어 점점 더 먼 바다로 나아가던 때에도 고래는 여전히 공포의 대상이었어요. 아라비아의 옛이야기가 실린 《아라비안나이트》에는 바다를 모험하던 신드바드가 어떤 섬을 발견하여 겨우 목숨을 구했는데, 알고 보니 그곳이 고래 등이었다는 얘기가 나와요.

유대인들의 경전인 《탈무드》나 또 다른 나라의 전설, 신화 속에도 그와 비슷한 이야기가 수두룩하고요. 또 이스라엘의 예언자 요나는 고래 배 속에 있다가 3일 밤낮으로 기도한 뒤에야 겨우 바깥으로 나올 수 있었대요.

조금씩 드러나는 고래의 정체

세월이 흐른 뒤에도 고래는 여전히 신비스럽고 두려운 존재였어요. 미국 소설가 허먼 멜빌의 《모비 딕》에서도 하얀색 향고래 모비 딕은 인간이 이기지 못할 공포의 대상으로 그려져 있어요.

하지만 이 무시무시한 바다 괴물은 종종 힘을 잃고 바닷가로 떠밀려오곤 했어요. 땅 위로 올라온 고래는 숨을 헐떡이다 끝내 목숨을 잃었고, 이런 기회를 통해 사람들은 조금씩 고래에 대해 알게 되었어요. 물론 과학이 아주 발달한 오늘날에도 고래의 많은 부분이 비밀에 싸여 있지만요.

모비 딕을 잡아라!

2. 고래가 바다로 간 까닭

　고래는 세상에서 가장 큰 동물이에요. 그중에서도 대왕고래는 덩치가 코끼리보다 5배는 더 크고 몸무게도 20배나 무겁지요. 크기랑 무게만 따진다면 지구에서 으뜸가요. 한때 이 세상에서 최고 몸무게를 자랑했던 아르젠티노사우루스도 대왕고래에 대면 반도 못 따라갈 정도예요. 만약 대왕고래와 사람이 몸무게를 잰다면, 저울 한쪽에는 60킬로그램 어른 3000명이 한꺼번에 올라가야 해요.

대왕고래
몸길이 약 33미터, 몸무게 약 180톤.

고래는 물고기가 아니다?

대왕고래는 바다에서 살아요. 다른 고래들도 마찬가지예요. 강에서 사는 고래도 몇 종 있지만, 절대로 땅 위까지 올라와서 살지는 않아요. 고래는 커다란 지느러미를 노처럼 휘휘 저으며, 크고 매끈한 유선형 몸매를 자랑하듯 부드럽게 움직이며, 온 바다가 제 세상인 듯 느긋하게 물속을 헤엄쳐 다니지요. 그래서 겉으로 보기엔 영락없이 물고기처럼 보여요.

하지만 고래는 물고기가 아니에요. 어류에 속하지 않고, 엄연히 사람과 같은 포유류에 속해요. 왜냐하면 고래는 새끼를 낳고, 젖을 먹여 키우거든요.

고래와 물고기의 다른 점

그 밖에도 고래가 물고기랑 다른 점은 한두 가지가 아니에요. 고래는 꼬리지느러미가 물고기처럼 수직으로 서 있지 않고 수평으로 누워 있어요. 살갗은 비늘이 없어서 아주 매끌매끌하고요.

고래는 폐로 숨을 쉬어요. 머리 꼭대기에 숨구멍(분기공)이 나 있는데, 바로 이곳으로 신선한 공기를 한껏 들이마셔서 폐로 보내지요. 이렇게 숨을 쉬기 위해 고래들은 보통 10~30분에 한 번씩은 꼭 수면 위로 뒤통수를 내민답니다.

에취

고래
코?

분기공
고래는 물 위로 분기공을 내밀고,
꾹꾹 참았던 숨을 힘차게 내뿜어요.
몸속에 있던 공기는 따뜻해서
갑자기 찬 공기를 만나면
하얗게 수증기로 변해요.
또 숨구멍 주변에 있던 물도 함께 튀어 오르고요.
이 때문에 꼭 고래가 물을 뿜는 것처럼 보여요.

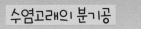

수염고래의 분기공   이빨고래의 분기공

　　고래는 사람과 같은 항온 동물이에요. 어딜 가나 따스한 체온을 일정하

게 유지해요. 물론 포유류이기 때문에 어미 몸에 젖꼭지가 있고, 몸속에

아기집(자궁)이 있다는 것도 물고기들과는 확연히 다른 점이지요.

바다로 간 고래

물고기와 다른 점을 보면 고래는 아주 먼 옛날 땅 위에서 살다가 도로 바닷속으로 들어갔다는 걸 알 수 있어요.

그래도 믿지 못하겠다면 가슴지느러미 뼈를 보세요. 육상 동물의 앞다리를 쏙 닮은 마디들이 있고, 발가락 다섯 개도 또렷하게 남아 있답니다.

과학자들은 약 5300만 년 전에 지금의 개나 고양이만 한 동물이 바다로 가서, 수중 생활에 알맞은 모습으로 진화한 것이라고 해요.

몸통은 물속에서 잘 나아갈 수 있게 잠수함 모양으로 바뀌고, 앞발은 물살을 가르기 좋게 판판해지고, 바닥에 발을 디딜 필요가 없으니까 뒷다리는 아예 흔적조차 없어져 버렸어요.

또 물 위로 내밀고 좀 더 편하게 숨 쉬려다 보니 콧구멍은 점점 위로 밀려 올라가다 마침내 머리 꼭대기로 가게 되었고요.

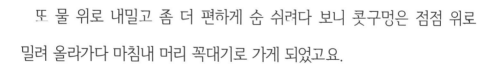

콧구멍이 점점 위로 올라가고 있어!

고래 몸이 커진 까닭

그렇다면 개나 고양이만 했던 몸체는 어떻게 해서 잠수함만큼 커진 걸까요?

우선은 차가운 물속에서 체온을 유지하려다 보니 지방층을 두껍게 할 필요가 있었어요. 물속에서는 몸 바깥의 털을 기르는 것보다 몸속에 보온 장치를 하는 게 더 효율적이었죠.

마침 바닷속에는 영양 만점 먹이들이 넘쳐났고, 고래는 누구의 방해도 받지 않고 얼마든지 맘껏 넙죽넙죽 잡아먹을 수 있었지요. 그러면서 별로 힘들이지 않고 부력에 몸을 맡기며 느긋하게 돌아다니다 보니 몸집은 자꾸만 뚱뚱해졌어요.

오징어나 정어리처럼 빠르게 헤엄치는 먹이를 잡아먹는 고래들은 비교적 작지만, 물에 둥둥 떠다니는 플랑크톤을 먹고 사는 고래들은 훨씬 더 큰 덩치로 진화해 나갔답니다.

음…

물에 떠다니다 뚱뚱해졌군!

뚱뚱 고래

고래의 진화

6500만 6000만 5500만 5000만 4500만 4000만 3500만 3000만 년 전

신생대 제3기
팔레오세
(6500만~5600만 년 전)
에오세
(5600만~3800만 년 전)
올리고세
(3800만~2500만 년 전)

메소니키드 고래와 거의 똑같은 형태의 이빨이 나 있는 육식성 포유류예요.

인도휴스 4800만 년 전 남아시아에 살았던 발굽 가진 동물로, 고래와 육상 생물 사이의 동물이에요.

파키케투스 5300만 년 전 땅 위에 살았던 포유류로 오늘날 고래의 조상이에요.

암불로케투스 걸어다니는 고래. 육지 포유류와 해양 포유류의 중간 단계 생물이에요.

레밍토노케투스 얼굴이 좁고 길며 뾰족한 턱을 가졌어요. 오늘날 물개와 비슷한 물갈퀴가 발달했어요.

쿠트키케투스 물에 적응한 원시 고래 종류예요.

로드호케투스 발굽 가진 동물과 고대 고래류를 연결해 주는 위치에 있는 포유류예요.

도루돈 몸길이 약 5미터의 고대 고래의 한 종류예요.

바실로사우루스 4000만 ~3400만 년 전에 살았던 고대 고래의 한 종류예요.

수염고래아목으로 진화했어요.

이빨고래아목으로 진화했어요.

21

3. 수염 난 고래와 이빨 난 고래

난 이빨고래

고래는 크게 '수염고래'와 '이빨고래'로
나뉘어요. 이빨고래는 말 그대로
이빨을 가진 고래이고,
수염고래는 멋들어진
수염을 가진
고래이지요.

그렇다고 턱수염이나 콧수염을
가지고 있다고 상상하면 곤란해요.
입 안의 윗잇몸 자리에 단단한
이빨 대신 축축 늘어진 수염이
나 있는 거예요.

나는
수염고래

에헴~

고래수염은 독특해요.

커다란 입을 쫙 벌려 물을 한껏 들이마신 다음 도로

내뱉으면 크릴새우 같은 자잘한 먹이들이 빗자루처럼 생긴

수염에 딱 걸려요. 그럼 고래는 꿀꺽 삼켜 맛있게 먹지요. 말하자면 수염

고래들은 입 안에 커다란 그물을 달고 다니는 셈이에요.

고래의 몸

수염고래

꼬리지느러미
위아래로 움직여 앞으로 나아가요.

가슴지느러미(지느러미발)
방향을 바꾸거나 속도를 늦출 수
있어요.

등지느러미
등지느러미가 없는 고래도 있어요.

피부
탄탄하고 매끄러워요.

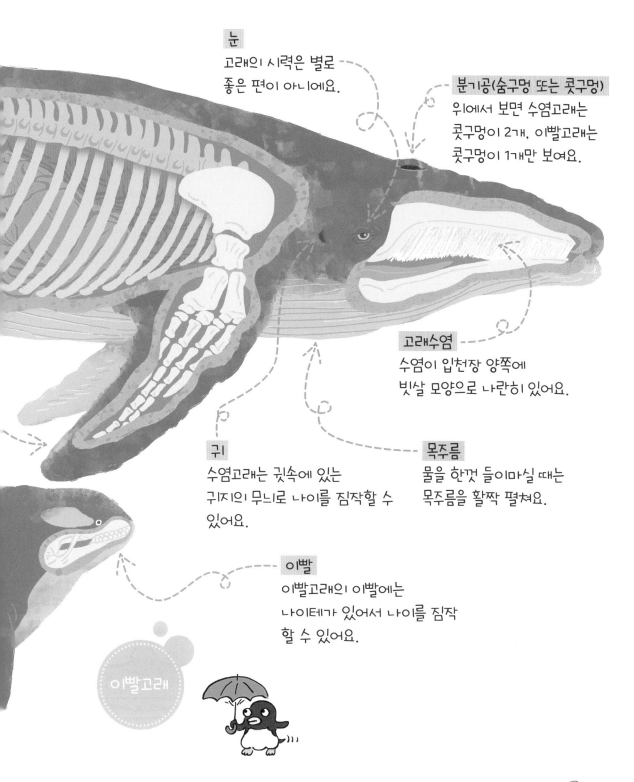

눈
고래의 시력은 별로
좋은 편이 아니에요.

분기공(숨구멍 또는 콧구멍)
위에서 보면 수염고래는
콧구멍이 2개, 이빨고래는
콧구멍이 1개만 보여요.

고래수염
수염이 입천장 양쪽에
빗살 모양으로 나란히 있어요.

귀
수염고래는 귓속에 있는
귀지의 무늬로 나이를 짐작할 수
있어요.

목주름
물을 한껏 들이마실 때는
목주름을 활짝 펼쳐요.

이빨
이빨고래의 이빨에는
나이테가 있어서 나이를 짐작
할 수 있어요.

이빨고래

덩치 크고 느긋한 수염고래

수염고래는 대개 덩치가 아주 커요. 머리도 엄청나게 커서 몸의 4분의 1, 또는 3분의 1이나 차지할 정도예요. 입은 또 어찌나 큰지, 대왕고래의 경우 그저 입 한번 쫙 벌리는 것만으로도 90톤의 물을 마실 수 있지요. 피가 흐르는 두툼한 혈관은 어른 팔뚝만큼이나 굵고요.

보통 수염고래는 이빨고래보다 수명이 긴 편이고, 큰 무리를 짓기보다는 혼자 살거나 몇몇 친한 친구 또는 가족과 살기를 좋아한답니다.

큰 입으로 90톤의 물을 마신대~

돼지 고래다!

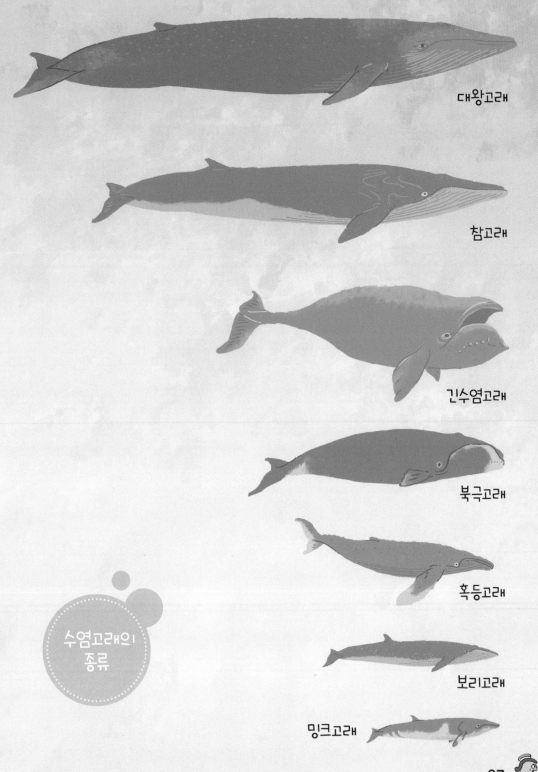

대왕고래

참고래

긴수염고래

북극고래

혹등고래

수염고래의
종류

보리고래

밍크고래

공기 방울로 펼치는 바닷속 잔치

수염고래는 크릴새우 같은 플랑크톤을 좋아하지만 작은 물고기나 갑각류, 오징어 따위도 즐겨 먹어요.

혹등고래는 고등어나 정어리 떼를 만나면 여럿이 신호를 주고받으며 서서히 수면 쪽으로 몰아요. 그런 다음 무리의 대장이 아래쪽에서 뽀글뽀글 공기 방울을 힘차게 뿜어내요. 그러면 공기 방울이 그물처럼 퍼져 올라가고, 물고기들은 바깥으로 달아나지 못한 채 오글오글 갇힌 꼴이 돼요. 다른 고래들은 이때를 놓치지 않고 입을 쩍 벌린 채 물 위로 솟아오르며 물고기들을 수십 마리씩 삼키지요.

날쌘돌이 이빨고래

　수염고래에 비하면 이빨고래는 대개 주둥이가 새 부리처럼 길쭉하고 덩치는 좀 작아요. 돌고래만 봐도 알 수 있듯, 이빨고래들은 동작이 빠르고 날렵한 편이지요. 하지만 향고래는 이빨고래이면서도 수염고래 못지않은 덩치와 큰 머리를 자랑한답니다.

　이빨고래는 단단하고 날카로운 이빨로 먹잇감을 물거나 뜯어요. 대부분 여럿이 떼 지어 다니기를 좋아하는데, 큰돌고래는 종종 100마리 이상 무리 지어 다니기도 해요. 이렇게 함께 다니다가 맛 좋은 물고기 떼를 만나면 협동 사냥을 해서 잡아먹지요.

이빨고래는 무리 지어 다니며 협동 사냥을 해.

와~

날쌘 고래다!

 강돌고래

 큰돌고래

 외뿔고래

 범고래

향고래

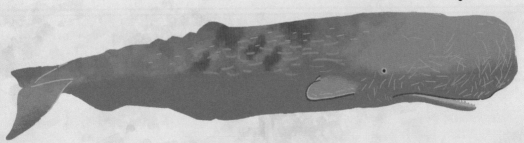

바다의 늑대, 범고래

이빨고래인 돌고래들은 물고기 떼를 공처럼 둥글게 몰아 놓은 뒤 느긋하게 사냥해요. 꼬리로 쳐서 기절시킨 다음 꿀꺽하거나, 물고기 떼 속으로 돌진하여 넙죽넙죽 잡아먹기도 해요. 여럿이 함께 막다른 쪽으로 몰다가 팅겨져 나오는 물고기를 잡기도 하고요.

범고래는 바다의 늑대

크고 무시무시한 이빨을 지닌 범고래는 특히 사냥 솜씨가 뛰어나서 '바다의 늑대'란 별명을 얻었어요. 심지어 자기보다 몇 배나 더 큰 대왕고래, 귀신고래도 범고래의 사냥감이 돼요. 물범이나 물개를 잡았을 때는 이리저리 던졌다 물었다 하며 혼을 쏙 빼놓은 다음 잡아먹고요.

고래 사전 · 수염고래

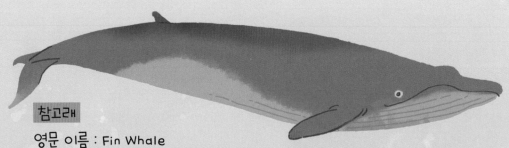

대왕고래

영문 이름 : Blue Whale
다른 이름 : 흰긴수염고래
몸길이 : 25~30미터
몸무게 : 150톤
특징 : 전체적으로 회색빛을 띠어요. 몸길이 34미터에 몸무게가 200톤이나
　　　되는 경우도 있어요.

참고래

영문 이름 : Fin Whale
몸길이 : 20~27미터
몸무게 : 80톤
특징 : 대왕고래보다 조금 작은 편이고, 등과 옆구리가 푸른색을 띠어요.

긴수염고래

영문 이름 : Right Whale

몸길이 : 17~18미터

몸무게 : 80~100톤

종류 : 남방긴수염고래, 북태평양긴수염고래, 북대서양긴수염고래

특징 : 가장 긴 고래수염을 갖고 있어요.

북극고래

영문 이름 : Bowhead Whale

다른 이름 : 활머리고래, 그린란드고래

몸길이 : 15~18미터

몸무게 : 60~80톤

특징 : 평생 북극에서만 살고, 지방층이 제일 두꺼워요.

혹등고래

영문 이름 : Humpback Whale

다른 이름 : 흑고래

몸길이 : 11~16미터

몸무게 : 30~40톤

특징 : 가슴지느러미가 아주 길어요. 훌륭한 점프 실력과 멋진 노래 실력을 자랑해요.

귀신고래

영문 이름 : Gray Whale

다른 이름 : 소고래

몸길이 : 13~15미터

몸무게 : 14~35톤

특징 : 바닥을 훑어서 갑각류를 걸러 먹느라 주둥이 근처에 상처가 많아요.

보리고래

영문 이름 : Sei Whale

다른 이름 : 정어리고래

몸길이 : 12~15미터

몸무게 : 20~30톤

특징 : 정어리, 멸치 등을 특히 좋아해요.

밍크고래

영문 이름 : Minke Whale

다른 이름 : 소정어리고래, 멸치고래

몸길이 : 6~8미터

몸무게 : 8~10톤

특징 : 수염고래 중에서 덩치가 작은 편이고, 제일 쉽게 볼 수 있어요.

고래 사전 　이빨고래

상괭이

영문 이름 : Finless Porpoise

몸길이 : 1.5~2미터

몸무게 : 90~150킬로그램

특징 : 등지느러미가 없고 몸집이 작으며, 5킬로미터 내의 가까운 바다에서
　　　살아요. 세계적으로는 멸종 위기종이지만 우리나라 주변에서는 비교적
　　　흔히 볼 수 있어요.

강돌고래

영문 이름 : River Dolphin

몸길이 : 2~2.5미터

몸무게 : 80~200킬로그램

종류 : 양쯔강돌고래, 아마존강돌고래, 갠지스강돌고래, 라플라타강돌고래

특징 : 희귀한 종으로 대부분 큰 강에서 살고 있지만, 라플라타강돌고래만이
　　　대서양에서 지내다가 출산 때 강으로 되돌아오는 습성이 있어요.
　　　아마존강돌고래는 '분홍돌고래'란 이름으로도 널리 알려져 있어요.

큰돌고래

영문 이름 : Bottlenose Dolphin
다른 이름 : 병코돌고래, 태평양돌고래
몸길이 : 2~4미터
몸무게 : 200~500킬로그램
종류 : 남방큰돌고래, 북방큰돌고래
특징 : 주둥이가 병처럼 길쭉해요. 범고래만큼이나 지능이 높아요.

흰고래

영문 이름 : White Whale
다른 이름 : 벨루가(Beluga)
몸길이 : 3~4미터
몸무게 : 1~1.5톤
특징 : 아름다운 목소리로 노래해서 '북극의 카나리아' 라고
       불리기도 해요.

외뿔고래

영문 이름 : Narwhal
다른 이름 : 일각돌고래, 일각고래
몸길이 : 4~5미터
몸무게 : 0.8~1.6톤
특징 : 수컷의 위쪽 엄니 중 왼쪽 것만 유난히 길게 자라나서 유니콘의 뿔처럼
       앞으로 뻗어 있어요.

범고래

영문 이름 : Killer Whale
다른 이름 : 흰줄박이돌고래
몸길이 : 7~10미터
몸무게 : 6~10톤
특징 : 등지느러미가 아주 크고, 고래 중에서 제일 빠르게 헤엄쳐요.

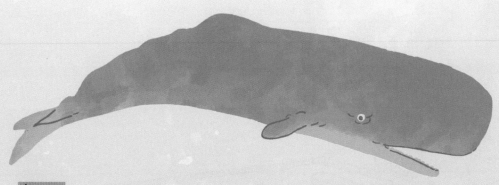

향고래

영문 이름 : Sperm Whale
다른 이름 : 향유고래, 말향고래
몸길이 : 11~18미터
몸무게 : 40~60톤
특징 : 이빨고래 중에서 제일 크고, 특히 머리가 유난히 큰 편이에요. 아래턱에
       만 이빨이 나 있고, 2시간 넘게 숨을 참으며 3000미터 깊이까지도 잠수
       할 수 있어요.

4. 고래가 사는 법

남극이나 북극은 1년 내내 춥지만, 그래도 여름이면 기온이 조금 올라가고 얼음도 줄어들어요. 이 무렵에는 바닷속에 단백질과 지방이 풍부한 크릴새우가 넘쳐나지요. 손가락만 한 크릴새우가 축구장 300개 크기만 한 무리를 이루어 둥둥 떠다니니까, 고래들은 그저 입을 쩍 벌린 채 돌아다니면 그만이에요.

멀고 먼 여행

　대왕고래나 혹등고래처럼 덩치 큰 수염고래들은 여름 동안 한껏 살을 찌워요. 그러다 가을이 되면 머나먼 적도 지방을 향해 길을 떠나지요. 한겨울 열대 바다에 도착한 고래들은 더 이상 먹는 데 신경 쓰지 않고 열심히 자기 짝을 찾거나 새끼를 낳아 길러요.

　대개 북반구의 고래들은 북극 주변과 적도 지방, 남반구의 고래들은 남극 주변과 적도 지방을 왔다 갔다 해요. 귀신고래의 경우 북극 바다에서 따뜻한 캘리포니아 앞바다까지 약 2만 킬로미터나 이동하기도 한답니다.

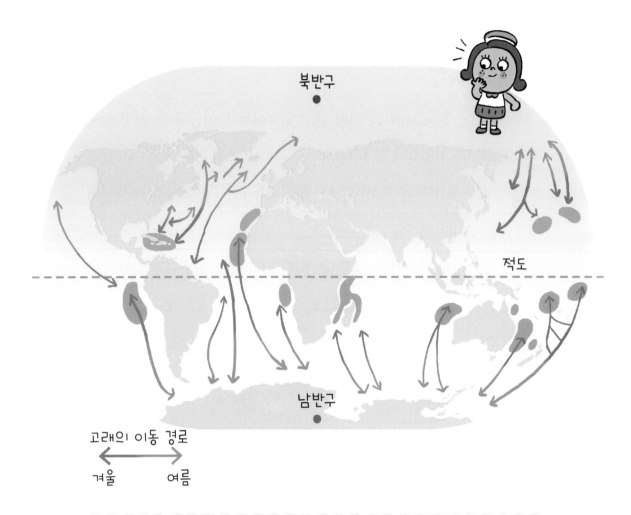

북반구

적도

남반구

고래의 이동 경로

겨울 ←———→ 여름

남쪽 고래와 북쪽 고래

혹시 북반구와 남반구의 고래들이 적도 지방에 와글와글 모여 자리다 툼을 하지는 않을까요? 그럴 염려는 없어요. 북반구와 남반구는 계절이 정반대여서, 한쪽이 여름일 때 다른 쪽은 겨울이니까요.

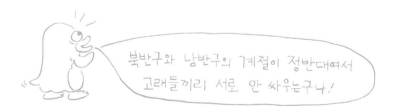

북반구와 남반구의 계절이 정반대여서
고래들끼리 서로 안 싸우는구나!

42

짝을 찾는 고래

고래들은 따뜻한 열대 바다를 누비며 누구의 방해도 받지 않고 사랑을 나눠요. 수염고래는 보통 1마리의 수컷과 1마리의 암컷이 짝을 이루고, 이빨고래는 수컷 1마리와 2마리 이상의 암컷이 짝을 이뤄요.

혹등고래 수컷은 길고 멋진 노래를 불러서 암컷을 부르는데, 만약 훼방꾼이 나타나면 몸을 쿵쿵 부딪치며 서로 싸우기도 해요. 이때 입 주변과 가슴지느러미에 다닥다닥 붙은 따개비들은 상대의 몸에 상처를 입히는 무기가 되지요.

세상에서 제일 멋진 짝짓기

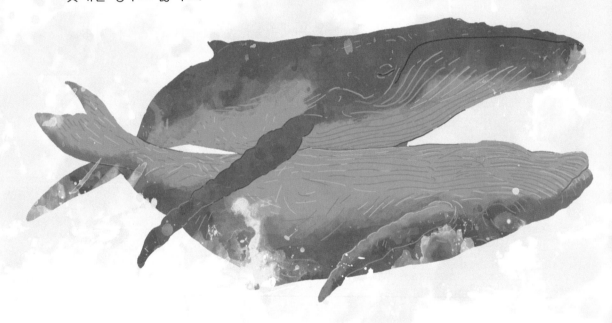

짝꿍 찾기 전쟁에서 승리를 거둔 수컷은 암컷과 배를 맞대고 물 위로 솟구쳐 오르며 멋지게 짝짓기를 해요. 향고래나 북극고래도 이와 비슷한 동작을 하지요. 대부분 배와 배를 맞대고 짝짓기를 하지만, 덩치들이 워낙 커서 옆으로 몸을 돌린 채 배를 맞대는 경우도 많아요.

고래가 새끼를 배는 과정은 육지의 다른 포유동물과 다를 게 없어요. 수컷에서 나온 정자가 암컷 배 속의 아기집으로 들어가 새로운 생명이 만들어지지요.

44

고래의 탄생

짝짓기를 마친 암컷은 10~16개월 만에 새끼를 낳아요. 그러니까 열대 바다에서 새끼를 밴 암컷은 다음해에 다시 열대 바다로 돌아와서야 출산 하게 되지요. 만약 북극이나 남극 바다에서 낳는다면, 지방층이 얇은 새끼 는 무시무시한 추위를 견디지 못할 거예요.

사람은 보통 머리부터 나오지만, 새끼 고래는 꼬리부터 나와요. 숨구멍 이 머리 꼭대기에 있어서 머리부터 나왔다가는 자칫 물속에서 질식할 수 도 있거든요. 어미 고래는 새끼가 태어나면 물 위로 살며시 밀어 올려 편하 게 숨 쉴 수 있게 해 준답니다.

어? 새끼 고래는 꼬리부터 나오네?

세상에서 제일 큰 아기

응애!

무게가 2톤!

아기

길이가 7미터

대왕고래는 갓 태어났을 때도 몸길이 7미터에 무게는 2톤이나 돼요.
이렇게 덩치 큰 새끼 고래는 금세 헤엄치는 법을 배워서 엄마 고래 주변에
딱 달라붙어 다녀요. 그러면서 언제든지 엄마 고래가 내어 주는 젖을 먹으
면서 하루에 90킬로그램씩 몸무게를 불리지요. 한 달에 무려 3톤 가까이
살이 찌는 셈이에요. 그 정도로 엄마 고래의 젖에는 영양이 풍부하답니다.

엄마 유치원, 엄마 학교

땅 위에 사는 대부분의 포유동물과 마찬가지로 고래 역시 끔찍한 모성
애를 지니고 있어요. 엄마 고래는 2~6년 동안 새끼를 데리고 다니면서,
넓은 바닷속에서 살아갈 수 있는 갖가지 요령을 가르쳐 주지요.

향고래는 새끼를 데리고 다니는 어미끼리 큰 무리를 이루곤 해요. 그래서 함께 힘을 모아 새끼들을 돌보지요. 사나운 범고래에게 어린 향고래는 보기만 해도 침이 꼴딱꼴딱 넘어가는 최고의 먹잇감이거든요.

돌고래들은 공동 유치원을 만들어서 새끼들끼리 한데 모여 놀게 해요. 어미들은 안전하게 그 주변을 빙 둘러싼 채, 귀여운 자식들이 까불까불 놀면서 쑥쑥 커 가는 모습을 흐뭇하게 지켜본답니다.

5. 똑똑한 고래

놀자!

　고래는 사람 못지않게 노는 걸 참 좋아해요. 특히 돌고래들은 유난히 호기심이 많아서 잠시도 가만있질 않아요. 우리가 친구들이랑 놀면서 사회성을 기르듯, 고래도 놀이를 통해 사냥하는 법, 싸우는 법, 도망치는 법, 함께 어울리는 법 등을 배우지요.

장난치는 게 제일 좋아

고래들은 물 위로 훌쩍 솟구쳐 올랐다가 수면 위에 온몸을 힘껏 부딪쳐 엄청난 물보라를 일으키곤 해요. 이걸 '고래 뛰기(브리칭)'라고 해요. 작은 돌고래는 물론 몸이 무거운 혹등고래나 대왕고래도 이런 행동을 하지요.

재주꾼들은 허공에 붕 뜬 채 3~4바퀴씩 공중제비를 돌기도 하고요. 또 몸의 일부만 솟구쳐 오르기도 하고, 널따란 지느러미로 수면을 풍덩풍덩 때리기도 해요.

고래들이 이런 행동을 하는 건 몸에 달라붙은 기생충을 떼어내거나 오래된 각질을 떨어뜨리기 위해서라고 해요. 또는 멀리 있는 동료들에게 신호를 보내는 것이라고도 하고요. 실제로 혹등고래의 고래 뛰기는 몇 킬로미터 밖까지 전해진답니다.

고래 뛰기로 멀리 있는
동료에게 신호를 보내는 거래.

온종일 놀고 또 놀고

그 밖에도 고래들은 단체로 솟구쳐 오르기(포포이징), 꼬리 세우기,
지나가는 배 앞서가기(선수타기)나 뒤따라가기(항적타기) 등을 즐겨요.
선수타기를 할 때는 옆 친구를 슬쩍 떠밀어서 좋은 자리를 차지하기도
하고, 밀려난 친구는 다시 다가와 복수하기도 하지요.

아주 큰 파도가 몰아치면 돌고래들은 이때를 놓치지 않고 단체 파도타기
를 즐겨요. 이렇게 온종일 신나게 놀다가 좀 피곤하다 싶으면 힘 빼고 둥둥
떠 있기(로깅)를 하면서 잠시 낮잠을 즐기기도 한답니다. 또 어쩌다 바다
위를 둥실둥실 떠가는 나뭇조각, 통나무, 공 따위는 돌고래들에게 더없이
반가운 장난감이고요.

첨벙
첨벙
첨벙
첨벙

53

고래의 뇌, 사람의 뇌

이처럼 호기심 많고 놀기 좋아하는 걸 보면 고래들은 아주 영리한 게 틀림없어요. 실제로 고래의 지능 지수는 80 정도 된대요. 이 정도면 똑똑하다고 소문난 침팬지와 비슷한 수준이에요.

연구에 따르면 고래의 뇌는 사람의 뇌 구조와 비슷한 점이 많다고 해요. 사람 뇌에는 물렛가락처럼 생긴 '방추세포'라는 게 있는데, 바로 이 때문에 자신과 남을 구분하거나 옳고 그름을 판단할 줄 안답니다.

고래의 뇌에도 방추세포가 있어서 거울 속 자기 모습을 알아본대요. 또 남의 기쁨을 함께 기뻐하거나, 남의 불행을 함께 슬퍼할 줄도 알고요.

고래의 IQ는 80

고래의 뇌는 사람의 뇌 구조와 비슷한 점이 많대

54

배우는 고래, 가르치는 고래

이렇게 영리하다 보니 사람들은 고래를 붙잡아 훈련시켜서 묘기를 부리게 해요. 대형 수족관에 가면 큰돌고래나 범고래가 있는 걸 종종 볼 수 있어요.

약 30년 전 오스트레일리아의 한 동물원에 훈련되지 않은 야생 돌고래가 붙잡혀 온 적이 있었어요. 야생 돌고래는 수족관의 돌고래들이 하는 걸 저 혼자 따라 하면서, 꼬리지느러미로 물 위를 걷는 묘기를 익혔지요.

그 뒤 동물원에서 이 야생 돌고래를 다시 풀어 주었는데, 얼마 뒤 사람들은 바다 한가운데서 놀라운 장면을 보았답니다.

풀려난 야생 돌고래가 친구들에게 그 묘기를 가르쳐 주었는지, 주변 바다의 돌고래 여럿이 함께 꼬리로 물 위를 걷는 놀이를 즐기는 거예요. 그 뒤로 그 자손들 역시 그런 행동을 따라 하고 있고요.

꼬리로 물 위 걷기

따라쟁이

사람을 돕는 고래

그런가 하면 브라질의 라구나 마을 주변에 사는 큰돌고래들은 사람과 힘을 합쳐 물고기를 잡는답니다. 숭어 같은 물고기 떼가 나타나면 돌고래들이 우르르 바닷가 쪽으로 몰아요. 그러다 어느 순간 신호를 보내면, 바닷가에서 기다리고 있던 어부들이 그물을 활짝 펼치는 거예요. 물고기 떼는 꼼짝없이 그물에 걸려들고, 그걸 피해 달아나던 물고기들은 돌고래의 먹잇감이 되지요.

라구나 마을 사람들과 돌고래들 사이에는 벌써 200년 가까이 이런 전통이 이어지고 있어요. 돌고래들도 마을 사람들도 자손 대대로 이 방법을 가르쳐 주고 있답니다.

6. 고래의 노래

고래들은 서로 이야기를 나눠요. 대왕고래는 그르릉그르릉, 혹등고래는 뿌우뿌우, 향고래는 찰까닥찰까닥, 귀신고래는 타르륵 탁탁탁탁, 참고래는 삐익삐익, 돌고래는 휘익휘익 딱딱……. 그 밖에도 아주 다양한 소리를 내어 소통하지요. 이런 고래의 노래, 고래의 울음 속에는 아주 놀라운 비밀이 숨어 있어요.

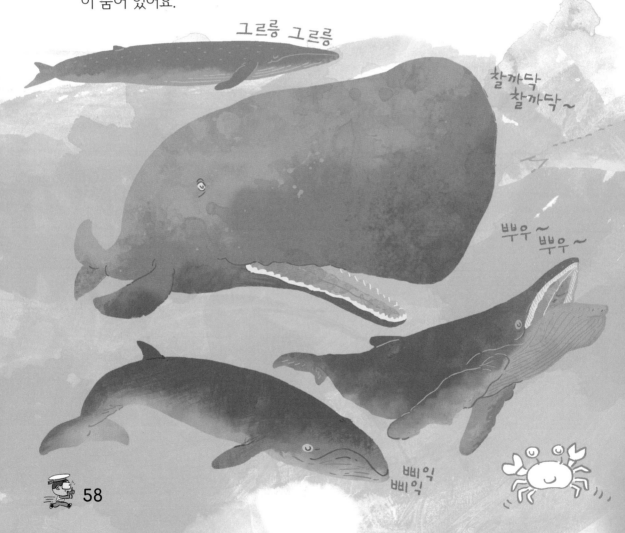

그르릉 그르릉

찰까닥 찰까닥~

뿌우~ 뿌우~

삐익 삐익

가수 뺨치는 혹등고래와 흰고래

혹등고래는 보통 10~15분 동안 쉬지 않고 노래해요. 길게 부를 때는 20~30분 동안, 때로는 1시간이 넘도록 같은 노래를 반복하기도 하고요. 사람들이 지역마다 사투리를 쓰듯 혹등고래의 노래는 무리마다 조금씩 다르기도 하고, 나름대로 연습해서 해마다 더 멋지게 부르기도 해요. 한때 혹등고래의 노래는 사람 세상에서 음반으로 제작되어 판매되기도 했어요.

북극 바다에 사는 흰고래의 노래는 특히 아름답기로 소문이 났어요. 온갖 새소리, 휘파람 소리가 뒤섞인 듯한 노래를 가만히 듣고 있으면 마음을 홀딱 빼앗길 정도이지요.

멀리멀리 퍼져 나가는 노래

고래의 머리 쪽에는 공기주머니가
있는데, 그 안에서 공기가 빠르게
앞뒤로 부딪치면서 소리가 생겨나요.
이 소리는 공기주머니 앞에 있는 '멜론'으로
전해져서 더 큰 신호로 바뀌어 물속에
펴져 나가지요.

멜론
저농도의 기름이
들어 있는 기관이에요.

소리는 공기보다 물속에서 더 잘 전달되기 때문에, 고래의 노래는 아주 멀리까지 퍼져 나간답니다. '끼이악 끼이악!' 울려 퍼지는 대왕고래의 노래는 수천 킬로미터 떨어져 있는 친구들에게도 전해질 정도예요.

고래가 소리를 듣는 원리

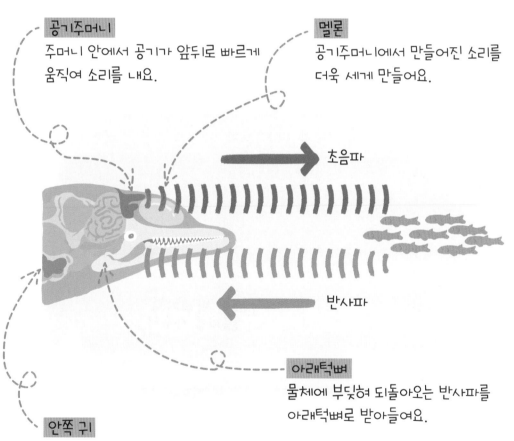

공기주머니
주머니 안에서 공기가 앞뒤로 빠르게 움직여 소리를 내요.

멜론
공기주머니에서 만들어진 소리를 더욱 세게 만들어요.

초음파

반사파

아래턱뼈
물체에 부딪혀 되돌아오는 반사파를 아래턱뼈로 받아들여요.

안쪽 귀
아래턱뼈에서 받은 소리는 기름이 들어찬 통로를 따라 안쪽 귀로 전달돼요.

소리로 보는 법

하지만 사실 고래의 노래는 우리 귀에 들리지 않는 부분이 아주 많아요. 고래는 사람이 듣지 못하는 초음파를 사용하기도 하거든요.

이 세상의 모든 소리는 넘실거리는 파도처럼 음파를 갖고 있는데, 그중 사람이 들을 수 있는 범위는 20~20000헤르츠(진동수의 단위)예요. 20000헤르츠가 넘는 음파를 바로 초음파라고 하지요.

박쥐는 초음파를 이용해 먹이를 잡는데, 먼저 음파를 쏘아 보낸 뒤 먹잇감에 부딪혀 돌아오는 반사파를 듣고 먹이의 위치와 크기 등을 아는 거예요.

고래도 마찬가지예요. 먹잇감은 물론 사방팔방에 어떤 바위와 해초가 있는지, 물 위에는 무엇이 어떻게 지나가는지, 이 모든 것들을 눈으로 보듯 훤히 알 수 있답니다.

잠수왕 향고래의 비밀

특히 향고래는 머리가 큰 만큼 멜론도 커서, 깊이 잠수하거나 다시 수면으로 올라올 때 아주 요긴해요. 먼저 바깥의 찬 공기를 한껏 들이마시면 지방 성분이 굳으면서 멜론이 묵직해져요. 향고래는 머리를 아래로 향한 채 물속 3000미터까지나 내려가지요.

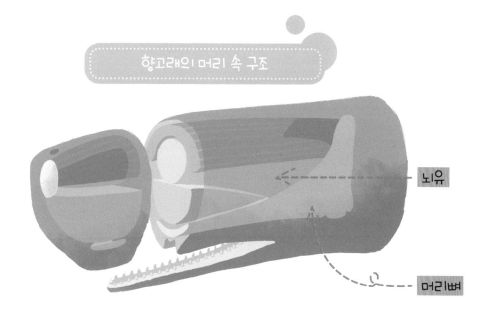

향고래의 머리 속 구조

뇌유

머리뼈

바닷속 깊은 곳은 너무 캄캄해서 한 치 앞도 안 보여요. 하지만 향고래는 초음파로 주변을 훤히 볼 뿐 아니라, 맛 좋은 먹잇감인 대왕오징어도 쉽게 찾아내요.

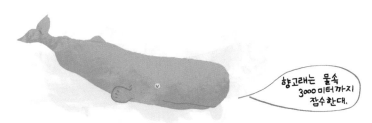

향고래는 물속 3000미터까지 잠수한대.

향고래는 순간적으로 강력한 초음파를 쏘아 대왕오징어를 아찔하게 만든 다음 이빨로 콱 깨물지요. 하지만 대왕오징어도 그리 만만치 않은 상대여서 향고래 몸에 상처를 입히곤 한답니다.

까마득한 바닷속에서 식사를 마친 향고래는 따뜻한 피를 멜론 주변으로 보내요. 그러면 굳었던 지방질이 녹으면서 가벼워지고, 향고래는 머리를 추켜올린 채 다시 두둥실 수면으로 향하지요.

향고래 뇌유 기관(멜론)

뇌유 주머니

비도
콧구멍과 이어진 길

근육

콧구멍

향고래 뇌유의 사용

바닷속 깊이 들어갈 때
콧구멍으로 차가운 바닷물을 빨아들여 뇌유를 식히면 뇌유가 굳어져 무거워져요.

위로 떠오를 때
뇌유를 둘러싸고 있는 혈관에 따뜻한 피를 보내 뇌유를 녹이면 가벼워져요.

7. 사냥감이 된 고래

고래가 뭍으로 떠밀려 올라오는 걸 '좌초'라고 해요. 사람들은 처음에는 좌초된 고래만 만나 볼 수 있었어요. 이 어마어마한 괴물을 무서워하던 사람들은 조금씩 고기를 맛보고, 커다란 뼈로 집을 짓거나 그릇을 만들기도 했어요.

고래는 생각보다 쓰임새가 많았어요. 탄탄한 고래수염과 굵고 질긴 힘줄로 갖가지 도구를 만들 수 있었지요. 무엇보다도 고래 몸에서 잔뜩 얻을 수 있는 지방질은 난로를 피우거나 캄캄한 밤을 환히 밝히는 연료가 되었어요. 그래서 사람들은 쓰임새 많은 고래를 더 얻기 위해 직접 사냥에 나서기 시작했어요.

원시인들의 고래 사냥

약 4만 년 전 후기 구석기 사람들은 돌을 뾰족하게 깎고 갈아서 긴 막대 끝에 묶었어요. 좀 어설프긴 해도 어엿한 작살이 만들어졌지요. 하지만 고래의 살이 워낙 두꺼워서 작살은 한낱 이쑤시개에 지나지 않았어요.

사람들은 작살 끝에 식물의 독을 발랐어요. 그러고는 고래가 암벽 가까이 다가왔을 때 힘껏 던져 꽂았지요. 고래가 멀찍이 달아났다가 온몸에 독이 퍼진 채 바닷가로 떠밀려오면, 사람들은 우르르 달려나가 고래의 살과 뼈를 발라냈어요. 하지만 먼 바다로 가서 죽은 채 영영 떠밀려오지 않는 고래들이 훨씬 더 많았어요.

구석기 사람들은 작살 끝에 독을 발라서 고래를 사냥했어.

덜덜덜...

68

세계 여러 나라의 고래 사냥

가죽이나 나무를 이용해 배를 만들게 된 사람들은 직접 배를 몰고 나가서 고래에게 작살을 던졌어요. 알래스카와 캐나다, 그린란드 등의 북극 바다에 사는 이누이트족이 주로 이런 방법을 사용했어요.

이와 달리 북아메리카 인디언들은 직접 고래 등 위로 뛰어올라 작살을 꽂고 분기공에 말뚝을 박았어요.

일본 사람들은 콧구멍을 꿰뚫고 밧줄을 연결해서, 고래가 지칠 때까지 끈질기게 따라다녔고요. 고래는 바다 위에 빨간 피를 흘리며 고통스럽게 울부짖다 서서히 죽어 갔지요.

우리나라의 고래 사냥

우리나라에서도 아주 오래전부터 고래를 사냥했어요. 부산 동삼동 바닷가 유적지에서는 작살이 꽂힌 고래 뼈가 발견되었고, 《삼국사기》나 《고려사》 등에도 고래를 잡았다는 기록이 남아 있어요.

특히 울산의 반구대 암각화(국보 제285호)에는 신석기 사람들이 배를 타고 나가 귀신고래, 혹등고래, 범고래 등을 잡던 모습이 생생하게 새겨져 있어요. 호랑이, 사슴, 멧돼지, 곰 등 여러 가지 다른 동물들도 새겨져 있고, 그중에는 짝짓기하거나 새끼를 가진 모습이 표현되어 있기도 해요. 이걸 보면 그 당시 사람들이 사냥감이 넘쳐나기를 얼마나 바랐는지 알 수 있지요.

정약전의 《자산어보》

조선 시대 학자인 정약전은 《자산어보》라는 책에서 고래를 '경어'라고 하여 물고기의 한 종류로 기록했고, 돌고래를 '해돈(바다 돼지)'이라 부르기도 했어요.

반구대 암각화
신석기 사람들의 고래 사냥
모습을 볼 수 있어요.

71

전설의 사냥꾼, 바스크인

작살이나 배 만드는 기술이 발달하자 더 많은 고래가 빠르게 죽어 갔어요. 특히 스페인(에스파냐) 북부에 사는 바스크인들은 누구보다 솜씨 좋은 사냥꾼들이었어요.

바닷가 언덕의 돌탑 꼭대기에서 눈을 부릅뜨고 살펴보다가, 긴수염고래가 나타나 물을 쭉쭉 뿜으면 여러 대의 고래잡이배가 재빨리 출동했어요. 배에는 6~7명의 사냥꾼이 타고, 저마다 맡은 대로 노를 젓거나 작살을 던지거나 줄을 잡아당기는 일을 했지요.

긴수염고래는 고래 중에서 비교적 손쉬운 사냥감이었어요. 지방질이 유달리 많아서 힘을 잃으면 금세 물 위에 둥둥 떠올랐거든요. 바스크인들은 고래기름을 유럽 여러 나라에 팔아 떼돈을 벌 수 있었어요.

긴수염고래는 물에 잘 떠오르는 손쉬운 사냥감이지.

잡아도 잡아도 부족한 고래

바스크인들만 벼락부자가 되는 걸 두고 볼 수 있나요? 덴마크, 네덜란드, 영국, 독일, 프랑스 등 여러 나라도 한번 박혔다 하면 절대 빠지지 않는 작살을 들고 바다로 나아갔어요. 작살에 연결된 밧줄에는 크고 질긴 튜브를 매달기도 했어요.

척척 붙잡혀 올라오는 고래들 덕분에 바닷가 항구는 늘 잔치 분위기였어요. 부위별로 색다른 맛을 내는 고래 고기는 값비싼 음식 재료로 팔려나가고, 끝도 없이 나오는 고래기름은 언제나 없어서 못 팔 정도였어요.

고래를 잡아들이고, 살과 뼈를 발라내고, 지방질을 끓여 고래기름을 뽑아내는 항구 마을은 점점 더 큰 도시로 발달해 갔지요.

고래는 쓰임새가 정말 많아!

집을 짓거나 그릇을 만드는 데 쓰이던 고래 뼈와 고래수염은 점점 더 많은 곳에 사용되었어요. 크고 단단한 뼈는 피아노 건반, 서양장기의 말, 갖가지 손잡이와 공예품의 재료가 되었어요.

탄탄하면서도 잘 휘어지는 고래수염은 머리빗, 우산대, 낚싯대, 치마의 버팀대, 타자기의 스프링, 여러 가지 솔의 재료가 되었고요. 오늘날의 플라스틱처럼 사람들 생활 곳곳에 쓰이지 않는 곳이 없을 정도였지요.

하지만 무엇보다 쓰임이 많은 것은 기름이었어요. 고래기름은 양초, 비누, 향수, 페인트, 광택제, 갖가지 기계를 움직이는 윤활유의 재료로 두루 쓰였어요.

고래를 이용해 만든 물건들은 사람들을 멋쟁이로 만들어 주고, 전보다 더 편리한 생활을 할 수 있게 해 주었지요.

8. 사라져 가는 고래

　세계 인구가 점점 더 많아질수록, 사람들이 더 편리한 생활을 바랄수록 필요한 고래도 그만큼 많아졌어요. 사냥꾼들은 쉴 새 없이 고래를 잡아들여야 했어요. 하지만 가까운 연안의 고래들은 어느새 눈을 씻고 봐도 찾을 수 없게 되었고, 여러 나라의 큰 배들은 고래의 꽁무니를 따라 차가운 북극해로 나아갔어요.

몸속에서 터지는 폭약 작살

17세기(1601~1700년)에 접어들

어 북극 주변의 바다에는 한 해에

고래는 그야말로
움직이는 돈 덩어리지.

수천 척의 배가 쉴 새 없이 오가며 고래를 잡아들였어요.

바닷길이 멀고 험하니 아예 북극해 주변에 포경(고래잡이) 기지를 세우

고, 잡아들인 고래의 지방과 고래수염만 따로 모아 자기 나라로 보냈어요.

쓰임새가 적은 고기와 뼈는 바다에 그냥 내버렸고요.

이곳에서 잡히는 어른 북극고래 한 마리에서는 약 9톤의 지방을 얻을

수 있었어요. 고래는 그야말로 움직이는 돈 덩어리였지요.

하지만 종종 다 잡은 고래를 놓치기도 하고, 어떤 때는 공격받던 향고래나 귀신고래가 되돌아와서 배를 들이받는 바람에 침몰하는 경우도 있었어요.

사람들은 작살 끝에 폭약을 달아서 커다란 대포 같은 것으로 발사했어요. 작살을 맞은 고래의 몸속에서 폭약이 터지면 고래는 피와 내장을 쏟아내며 물 위로 떠올랐지요.

고래를 찾아 더 멀리 더 넓게

18세기(1701~1800년)가 되자 북극해에서 잡히는 고래 숫자도 많이 줄어들었어요. 일부러 적게 잡은 게 아니라 전처럼 쉽게 찾을 수 없었던 거예요. 사람들은 달아난 고래를 찾아 더 넓은 지역을 누비고 다녔어요. 이렇게 해서 한곳의 고래가 사라지면 또 다른 곳을 찾아 나섰지요.

19세기(1801~1900년)가 되자 미국인들도 본격적인 고래 사냥에 뛰어들었어요. 북쪽 바다는 이미 유럽의 배들로 가득 차 있는 터라, 따뜻한 남쪽으로 멀리멀리 나아갔어요. 미국인들이 찾아낸 사냥터에서는 수많은 향고래가 붙잡혀 올라왔어요. 향고래에선 유럽 사람들이 주로 잡는 북극고래나 참고래, 긴수염고래보다 훨씬 더 품질 좋은 기름을 얻을 수 있었지요.

남쪽까지 고래를 찾아 나서고 있어.

덜 덜 덜

우주선도 움직이는 향고래 기름

향고래 기름으로 양초를 만들면 탈 때 냄새가 나지 않아 좋았어요. 시커먼 그을음도 생기지 않았고요. 윤활 작용도 아주 뛰어나서 시계 같은 정밀 기계에 쓰였어요. 게다가 웬만해서는 얼지 않아서 지금도 우주로 날아가는 탐사선에는 향고래 기름이 쓰인답니다.

향고래에게서는 또 한 가지 보물을 얻을 수 있었어요. 간혹 수컷의 창자 속에서 발견되는 용연향은 단단하게 굳은 송진 같은 향료인데, 아주 값비싼 향수의 재료가 되었지요.

용연향

옛날 중국에서는 용연향을 '용이 뱉은 침이 굳은 것' 이라고 하여 매우 귀한 보물로 여겼어요. 용연향은 향고래가 즐겨 먹는 대왕오징어의 일부가 창자에 모여 발효된 거예요. 향고래가 배설한 용연향은 바다에 둥둥 떠다니기도 하고, 바닷가에 떠밀려 오기도 해요. 어쩌다 이걸 발견한 사람은 하루 아침에 부자가 되곤 한답니다.

향고래의 몸속에 용연향이 들어 있다고?

바다를 누비는 고래잡이 공장

이처럼 큰돈을 벌게 해 주는 고래를 더 많이, 더 효율적으로 사냥하기 위해 사람들은 끊임없이 새 기술을 개발했어요. 마침 땅에서 나는 석유와 석탄을 이용할 줄 알게 된 사람들은 철을 녹여 온갖 복잡한 기계와 증기선을 만들었어요.

이제 고래잡이배는 작살 대포와 인양 시설, 해체 시설, 기름을 얻어내는 고압 증기 시설, 냉장창고까지 갖춘 거대한 공장처럼 변했어요. 예전엔 향고래 한 마리를 잡아서 기름을 얻은 뒤 저장하기까지 3~4일이 걸렸지만 이제 1시간이면 뚝딱 끝났지요.

다만 한 가지 문제는 고래들이 엄청나게 시끄러운 증기 기관 소리를 듣고 재빨리 달아난다는 거였어요. 하지만 얼마 뒤에 등장한 디젤 기관은 이런 문제를 단번에 해결해 주었어요. 디젤 엔진도 시끄럽기는 마찬가지였지만, 고래가 도망가는 속도보다 더 빠르게 달려가 붙잡을 수 있었거든요.

고래를 잡아서 저장하기까지 1시간이면 뚝딱이야.

가는 곳마다 쫓아와 폭약 작살을 쏘아대는 통에 전 세계 바닷속 고래들은 이만저만 괴로운 게 아니었어요. 그나마 1900년대에 들어선 뒤에야 고래는 한시름 놓을 수 있었어요.

사람들은 석유와 석탄을 이용해 플라스틱과 갖가지 화학 약품을 얻게 되었고, 그것들은 고래기름이나 고래수염 대신 점점 더 널리 쓰였거든요. 양초 대신 백열전구가 어두운 밤을 밝혔고요.

또 얼마 뒤에 터진 두 차례의 세계 대전으로 사람들의 관심은 고래를 잡는 일이 아닌, 나라들끼리 서로 싸우는 쪽으로 쏠렸답니다.

포경선, 첨단 기술로 무장하다

하지만 고래 세상의 평화는 그리 오래가지 않았어요. 전쟁을 치르는 동안 여러 신기술이 개발되어, 포경선은 첨단 장비로 무장하게 되었거든요.

2만 톤급이나 되는 배에는 고래의 위치를 쉽게 알아내는 레이더가 장착되고, 비행기까지 합세하여 드넓은 바다의 고래들을 이 잡듯이 찾아냈어요.

그동안 영리한 고래들은 용케도 사람들을 피해 다녔지만, 이제 사람들은 고래가 어디에 있든 귀신 같이 찾아내어 잡아들였어요.

2만 톤급 배에는 레이더가 장착되고, 비행기까지 합세하여 고래들을 이 잡듯이 찾아 내지.

고래의 인기는 예전보다 시들해졌지만 여전히 마가린과 화장품, 비누, 윤활유, 비료나 사료 따위에 많은 양의 고래기름이 쓰였어요. 그 때문에 전 세계 바다에서 해마다 수십만 마리의 고래가 붙잡혀 올라왔어요.

9. 고래가 위험해!

"이러다 이 세상에서 고래가 다 사라지는 것 아니야?"

사람들은 조금씩 걱정하기 시작했어요. 이미 귀신고래나 긴수염고래 등은 찾으려야 찾을 수 없게 되었어요. 특히 귀신고래는 바닷가에서 1~2킬로미터쯤 떨어진 곳에서 해안선을 따라 이동하는 습성이 있어요. 이 때문에 다른 고래들보다 사람들 눈에 잘 뜨였고, 미국의 동쪽 바다를 오르내리던

북대서양계 귀신고래는 제일 먼저 멸종되었어요.

우리나라 동해안을 즐겨 찾던 한국계 귀신고래도 1977년에 딱 두 마리가 발견된 뒤 영영 나타나지 않고요.

고래는 얼마나 남았을까?

귀신고래에 이어 긴수염고래, 대왕고래, 참고래, 혹등고래가 차례로 바닷속에서 사라져 갔어요. 사람들은 뒤늦게야 국제 포경 위원회(IWC)를 설립하고, 남아 있는 고래의 수를 조사했어요. 그걸 바탕으로 어떤 고래를 얼마나 잡아야 할지, 또는 얼마 동안 잡지 말아야 할지 결정하려는 것이었지요.

하지만 나라마다 학자마다 발표한 수치는 제각각이었어요. 대부분 옛날에 살았던 고래는 실제보다 적고, 현재 남아 있는 고래는 실제보다 많게 발표했어요. 그래야만 조금이라도 더 오래 잡아들일 수 있기 때문이지요.

국제 포경 위원회(IWC)

INTERNATIONAL WHALING COMMISSION

새끼와 어미, 둘 다 잡아라!

포경선의 숫자는 줄어들기는커녕 도리어 자꾸자꾸 늘어났고, 고래가 줄어들수록 몸값도 쑥쑥 올랐어요. 이제 얼마 남지 않은 고래들은 아예 씨가 마를 판이었지요.

대부분의 고래는 1~2년마다 자식을 딱 한 마리만 낳기 때문에, 한번 줄어든 고래의 수는 다시 늘어나기 어려워요. 하지만 새끼 고래를 발견한 포경선은 굴러온 행운을 놓치지 않았어요.

까불거리는 새끼 고래에게 작살을 쏘면 피를 흘리며 죽어 가요. 어미는 절대로 달아나지 않고 그 주변을 엉엉 울며 맴돌고요. 포경선이 처음부터 노린 건 바로 그 어미 고래예요. 새끼에게 젖을 먹이려고 부지런히 살을 찌웠던 터라 지방질이 아주 풍부하거든요. 이런 식의 잔인하고 무차별적인 남획이 고래의 수를 크게 줄게 한 거예요.

너무나 시끄러운 바닷속

지난 2000년 3월 아름다운 카리브해 주변 여러 곳에서 고래들이 뭍으로 떠밀려온 채 죽은 일이 있었어요. 분기공은 물론 눈과 귀, 입에서 피를 쏟고, 몸속의 장기들도 군데군데 터져 있었지요.

알고 보니 몇 시간 전에 미군 잠수함이 음파 탐지기를 사용하며 훈련을 했던 거예요. 음파 탐지기는 고래처럼 음파를 보낸 뒤 반사파를 이용해 바닷속의 물체를 알아내는 장치예요. 여기에서 나온 강력한 음파가 고래 몸에 벼락을 때리는 듯한 충격을 준 거예요.

지금도 전 세계 바다에선 수많은 군함과 잠수함, 어선, 유조선, 여객선이 크고 작은 음파를 쏘며 쉴 새 없이 누비고 있어요.

음파 탐지기에서 나오는 음파는 초음파를 사용하는 고래들에게 심각한 방해가 돼요. 종종 고래들이 수십에서 수백 마리씩 좌초되곤 하는데, 그 까닭은 아직도 속 시원히 밝혀지지 않았어요. 하지만 이런 음파 탐지기들도 고래에겐 분명 크나큰 위협이 되고 있답니다.

바다를 채우는 오염 물질

바닷물이 자꾸 오염되고 있는 것도 고래들에겐 참을 수 없는 일이에요. 사람들이 석유와 석탄을 엄청나게 많이 사용하면서, 하늘에는 시커먼 오염 물질이 하루도 걷힐 날이 없어요.

이런 오염 물질은 빗물에 섞여 고스란히 바다로 떨어지지요. 땅 위에 내린 비도 결국은 강줄기를 따라 바다로 흘러가요. 수많은 공장과 농장에서 나오는 폐수, 집집이 쓰고 버린 더러운 물도 바다로 흘러가요. 고래들은 아무 잘못도 없이 온갖 오물을 뒤집어쓰는 셈이에요.

으으으음⋯⋯
숨을 쉴 수 없어~

　더구나 사람들은 바다 밑바닥에서도 석유와 천연가스를 캐내느라 바빠요. 이런 화석 연료를 찾느라 전 세계 바다 곳곳에선 천둥 같은 소음이 잠시도 끊이질 않아요.

　툭하면 일어나는 기름 유출 사고도 고래를 비롯한 바다 생물들을 끊임없이 괴롭히고요. 특히 바닷가에 주로 지어지는 원자력 발전소는 바다 생태계에 아주 심각한 위협이 되고 있어요.

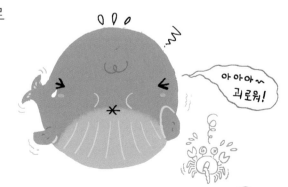

아아아~
괴로워!

뜨거워지는 지구, 끓는 바다

갈수록 뜨거워지는 지구의 온도도 고래들의 목을 점점 더 조르고 있어요. 지구에 비친 햇살은 따뜻한 열로 바뀐 뒤 그중 일부가 다시 지구 바깥으로 나가서 흩어져요.

하지만 지구 둘레를 투명한 이불처럼 감싼 이산화탄소는 열이 바깥으로 나가는 걸 가로막아요. 이 때문에 지구가 후끈후끈 달아오르고 있는 거예요. 이런 지구 온난화는 육지보다 바다에서 더 빠르게 진행되고 있어요.

우리나라 주변 바다는 특히 더 심하고요.

지구 온난화 때문에 남극과 북극의 빙하가 녹으면, 고래의 먹이가 되는 플랑크톤도 크게 줄어요. 플랑크톤은 빙하 주변의 유기물을 먹으려고 몰려들거든요. 또 외뿔고래는 종종 녹아 떨어진 빙산에 갇혀 길을 잃고 떼죽음을 당하기도 해요.

빙하가 녹으면 바닷물의 높이가 올라가거나 흐름이 바뀌기도 해요. 이런 변화는 지구의 기후에도 영향을 주어 한여름에 우박이 쏟아지거나 한겨울에 장마가 일어나기도 해요. 뒤바뀐 지구의 날씨는 오랜 세월 이어져 온 고래의 생태를 뒤죽박죽으로 만들어 놓고 있답니다.

10. 고래를 부탁해!

먹이를 찾아, 천적을 피해 바다로 간 고래는 5000만 년이 훨씬 넘는 세월 동안 느긋하고 평화롭게 살아왔어요. 약 250만 년 전에 나타난 사람들은 지난 몇백 년 동안 고래를 마구잡이로 사냥했고, 이제 바닷속 고래의 숫자는 확연히 줄어들었어요.

대왕고래, 긴수염고래, 흰고래, 강돌고래 들은 멸종 위기에 처해 있고요. 그나마 남아 있는 고래들은 온갖 소음과 오염 물질, 지구 온난화 등에 끊임없이 시달려요. 따지고 보면 이 모든 게 사람이 벌인 일이니, 고래는 5000만 년 만에 가장 무서운 천적을 만난 셈이에요.

고래가 모두 사라진다면

대형 고래는 동물성 플랑크톤을 먹고, 동물성 플랑크톤은 식물성 플랑크톤을 먹고 살아요. 만약 대형 고래들이 사라진다면 동물성 플랑크톤이 지나치게 많아져 식물성 플랑크톤이 남아나질 않을 거예요.

이산화탄소를 먹고 신선한 공기를 내뱉는 식물성 플랑크톤이 줄어들면 바다뿐 아니라 지구 전체의 공기가 오염돼요. 식물성 플랑크톤은 땅 위에 사는 식물을 모두 합친 것보다 2배 더 많은 산소를 만들어내고 있거든요.

또 대형 고래는 범고래들의 먹이가 돼요. 대형 고래가 사라지면 범고래들은 자연스레 다른 먹이를 찾게 되고, 결국은 물범이나 물개 등이 확확 줄어들게 되지요.

이처럼 자연에서는 어느 한 종이 사라지면 전체 생태계가 무너지게 되어 있어요. 그리고 그 피해는 결국 먹이 사슬의 맨 꼭대기에 있는 우리에게 고스란히 돌아오지요.

고래의 가장 무서운 천적은 바로 인간!

고래가 살아야 사람도 산다

그린피스, 시 셰퍼드 같은 국제 환경 단체는 진작부터 이런 심각성을 알고 고래 보호 활동을 펼쳐 왔어요. 여러 나라의 정부와 포경 업체를 설득하고, 온 세상 사람들에게 '고래가 살아야 사람도 산다'는 사실을 알리기도 했지요. 특히 시 셰퍼드는 포경선에 몰래 숨어 들어가 엔진을 고장내거나, 해적 깃발을 걸고 나타나서 사냥을 방해하기도 했어요.

고래를 보호해야 한다는 목소리가 높아지자, 1986년 국제 포경 위원회는 마침내 상업적인 목적으로 고래를 잡는 일을 금지했어요. 멸종 위기종뿐 아니라 전 세계 모든 고래를 잡지 못하도록 한 거예요. 하지만 아직도 일본, 노르웨이, 아이슬란드 등은 버젓이 고래를 잡아들이고 있어요.

고래 보호에 앞장서고 있는 환경 단체들

그린피스, 시 셰퍼드, 세계 자연 기금(WWF), 고래와 돌고래 보존 협회(WDCS), 국제 동물 복지 기금(IFAW), 핫핑크돌핀스 등

고래가 살아야 사람도 산다!

NO Whaling

일본의 과학 포경

일본은 고래를 보호하고 연구하기 위해 '과학 포경'을 하는 것이라고 주장해요. 하지만 붙잡은 고래를 조사한 뒤 놓아주는 경우는 거의 없어요. 몸을 갈라 간단한 조사를 마친 뒤 시장으로 내보내지요. 이런 식으로 죽는 고래들이 한 해에 수천 마리나 돼요.

과학 포경?

예전에 일본 사람들은 고래 고기를 즐겨 먹었다지만 지금은 많이 줄어
들었어요. 그래서 냉동 창고에 고래 고기가 가득 쌓이곤 해요. 이걸 처분하
기 위해 학교 급식에 고래 고기를 내놓기도 한답니다.

또 덩치 큰 수염고래나 이빨고래가 양식장의 그물을
찢어 놓는 바람에 어부들의 피해가 크다고 해요.
이 때문에 바닷가 가까운 곳을 오락가락하는
고래들을 대놓고 사냥하기도 하지요.

고래 보호?

혼획과 불법 포획

우리나라도 예전에는 고래를 많이 잡아들였지만, 지금은 국제 포경 위원회의 전면 금지 조치를 따르고 있어요.

그런데도 어시장에서는 종종 집채만 한 고래들이 거래되고, 고래 고기 전문 식당들도 심심찮게 볼 수 있어요. 이런 곳에서 팔리는 고래는 주로 혼획된 것이라고 해요. 물고기를 잡기 위해 넓게 펼쳐 놓은 그물(정치망)에 걸리거나 엉켜서 죽은 것이지요. 이런 식으로 잡히는 고래가 해마다 80~100마리쯤 된대요.

하지만 경찰의 눈을 피해 몰래 사냥하는 경우도 있어요. 평범한 고깃배로 위장하여 고래를 잡다가 들키는 사례가 적지 않답니다.

지속 가능한 고래잡이

다만 북극해 주변의 이누이트족은 지금도 합법적으로 고래를 사냥해요. 까마득한 옛날부터 고래는 이누이트족이 혹독한 추위를 견디며 살아가는 데 없어서는 안 될 사냥감이었어요. 고래를 잡으면 먼저 입 주변에 물을 뿌려 넋을 위로한 뒤, 살과 지방을 마을 사람들 모두가 골고루 나누어 가졌어요.

오늘날에도 이누이트족은 사거나 팔기 위해 고래를 잡지는 않고, 폭약 작살을 쓰는 것만 빼면 사냥 방식도 옛날 그대로예요. 또 마을의 크기에 따라 한 해에 잡아들이는 고래도 2~20마리까지 정해져 있답니다. 하지만 지구 온난화 탓에 꼭 필요한 만큼의 고래도 잡기 어려운 실정이라고 해요.

이누이트족은 옛날 방식으로 합법적인 사냥을 하지.

11. 고래를 만나는 방법

만나서
반가워.

　　여러분은 살아 있는 고래를 만난 적이 있나요? 아마 대형 수족관에서
헤엄치거나 묘기를 부리는 돌고래는 한 번쯤 보았을 거예요. 또 요즘에는
배를 타고 직접 바다로 나가서, 신나게 헤엄쳐 가는 고래를 탐사하기도
해요.

병 주고 약 주는 대형 수족관

돌고래가 사는 대형 수족관을 '돌피나리움'이라고 해요. 하지만 수족관이 아무리 커도, 하루에 100~200킬로미터를 돌아다니는 돌고래들에겐 너무나 비좁아요.

초음파 울음은 사방에 둘러쳐진 벽에 부딪혀 곧바로 자기 귀를 때리고, 조련사의 호루라기 소리와 시끌벅적한 사람들 소리도 그치지 않아요.

화학 약품이 섞인 물속에서 사람들이 던져 주는 먹이를 먹다 보니 본래의 야생성을 잃고 갖가지 병을 앓기도 해요. 이처럼 감옥에 갇힌 채 스트레스에 시달리니, 원래 수명의 반의반도 못 채우고 죽는 경우가 허다해요.

남방큰돌고래 제돌이의 진실

　돌피나리움에 있는 범고래, 큰돌고래는 대부분 바다에서 붙잡혀 와요. 우리나라는 주로 일본에서 비싼 값을 치르고 수입해 오는데, 일본은 해마다 약 2000마리씩 돌고래를 사로잡아 여러 나라에 수출하고 있어요.

　불법으로 잡은 고래를 몰래 속여서 팔기도 해요. 지난 2013년 서울대공원의 남방큰돌고래 제돌이와 춘삼이, 삼팔이가 고향 바다로 돌려보내진 일이 있었어요. 알고 보니 제돌이와 두 친구는 4년 전 제주 앞바다에서 불법 사냥으로 붙잡혀 팔려왔던 거예요.

　2005년에 붙잡혀 수족관에서 살던 비봉이도 2022년 10월에 고향으로 돌아갔어요.

고래도 행복하게 살고 싶다

사람과 동물은 학대받지 않고 행복하게 살 권리가 있어!

고래권

인권

인권

동물권

사람에게 인권이 있듯 동물에겐 동물권이 있어요. 학대받지 않고 행복하게 살 권리가 있는 거예요. 만약 우리가 누군가에게 붙잡혀 구경거리가 되거나 억지로 재주를 부려야 한다면 단 하루도 견딜 수 없을 거예요.

다행히 요즘은 돌고래 쇼를 없애자, 또는 아예 구경하지 말자는 목소리가 높아지고 있어요. 오스트레일리아에서는 이미 1985년부터 고래를 비롯한 해양 포유류를 전시하는 걸 금지하고 있어요. 영국, 헝가리 등 유럽 여러 나라와 미국 등도 이에 동참하고 있고요.

그 대신 사람들은 잘 꾸며진 고래 박물관에서 사진과 동영상 등을 통해 얼마든지 고래를 만날 수 있어요. 직접 탐사선을 타고 바다로 나갈 수도 있고요.

몇몇 대형 수족관에서는 돌고래에게 먹이 주기, 만져 보기, 함께 헤엄치기 등 여러 가지 체험을 할 수 있어요. 하지만 자연 속에서 살아야 할 고래들을 붙잡거나 수입하는 것 등은 심각하게 생각해 볼 문제예요.

사냥은 끝! 이제는 관광!

예전에 고래 사냥을 통해 큰돈을 벌었던 도시들은 이제 고래 관광에 눈길을 돌리고 있어요. 미국의 낸터컷과 프로빈스타운, 아이슬란드의 후사비크, 멕시코의 바하 칼리포르니아 등은 고래 관광으로 아주 유명할 뿐 아니라 고래 보호 운동에도 앞장서고 있지요.

우리나라의 울산 장생포도 예전에는 고래 사냥으로 유명했던 곳이에요. 지금 이곳에 가면 고래 박물관을 둘러볼 수 있고, 4월~10월 사이에는 배를 타고 나가 진짜 고래가 헤엄치는 걸 관찰할 수도 있어요.

고래 박물관

고래를 만나요

최근에는 아기를 가진 엄마들
사이에서 돌고래 태교가 주목받기도
해요. 돌고래가 내는 초음파가 배 속
아기에게 좋은 자극이 된다고 하여, 길쭉한 돌고래 코와 불룩한 엄마 배를
가까이 맞대는 거예요.

하지만 돌고래 입장에서 보면 대형 수족관에서 묘기를 부리는 것과
크게 다를 바가 없어요. 좁은 곳에 갇혀 살면서 온종일 이런저런 스트레스
를 받을 테니까요.

외국의 이름난 고래 관광지에서는 야생의 고래를 가까이에서 만나 볼 수 있어요. 운이 좋으면 밍크고래, 귀신고래, 돌고래와 눈을 맞추거나, 혹등고래의 멋진 고래 뛰기를 볼 수도 있지요. 사람과 고래 사이에 서로 해치지 않을 거라는 믿음이 있어서, 때로는 직접 고래를 만져 보거나 함께 헤엄을 칠 수도 있답니다.

우리나라에서 돌고래를 볼 수 있는 대형 수족관

롯데월드 아쿠아리움(서울), 고래생태체험관(울산), 씨월드(거제), 환화 아쿠아플라넷(제주, 여수) 등 5곳에서 총 20여 마리의 큰돌고래와 벨루가가 사육되고 있어요(2022년 8월 기준).

고래가 바닷가로 밀려와 숨을 헐떡이고 있어요. 살갗은 햇볕에 바짝바짝 마르고, 시간이 더 지나면 몸속의 장기들이 무게에 눌려 모두 일그러지고 말 거예요. 어떡하면 고래를 구할 수 있을까요?

고래가 좌초되었을 때에는
물을 뿌려 주거나 젖은 천으로
덮어 주어야 해.

고래가 좌초되었을 때에는 먼저 물을 뿌려 주거나 젖은 천으로 덮어 주어야 해요. 그런 다음 어떻게든 바다 쪽으로 밀어 보내야 하지요.

작은 고래는 여러 사람이 힘을 모아 옮길 수도 있지만, 큰 고래라면 크레인 같은 중장비로 끌어 줘야 해요. 이때에도 가는 밧줄을 사용하면 고래의 몸이 찢어질 수 있으니 넓은 천으로 감싸는 것이 좋아요. 경우에 따라서는 삽차 등으로 물길을 내어 주고요.

만약 여러 마리의 고래가 좌초되었다면 제일 큰 고래부터 구하는 게 좋아요. 길잡이나 우두머리가 먼저 바다로 가면 다른 고래들도 그 뒤를 따르려 할 테니까요.

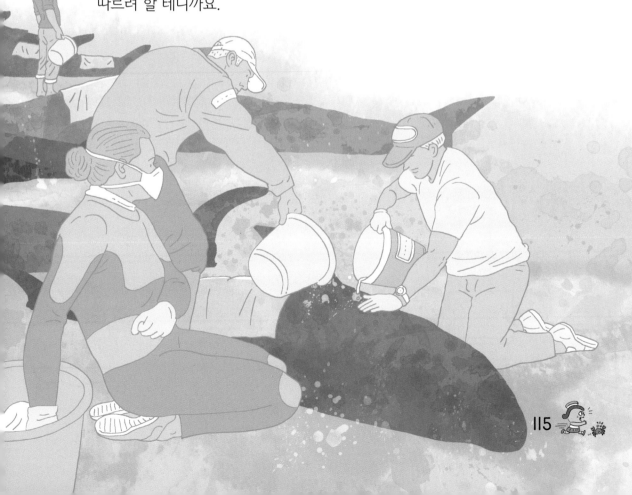

우리가 고래를 살리는 방법

하지만 꼭 이런 방법이 아니라도 우리는 얼마든지 고래를 살릴 수 있어요. 고래 살리기 운동이나 돌고래 쇼 반대 운동에 함께 참여하는 거예요. 직접 거리에 나서지 않아도 SNS(소셜 네트워킹 서비스)를 통해 '좋아요'를 누르거나 댓글 달기로 응원할 수도 있지요.

또 해외의 그린피스나 국내의 동물 자유 연대, 환경 운동 연합, 핫핑크돌핀스 같은 환경 단체에 후원하는 방법도 있어요. 고래 보호를 위해 전 세계 바다를 누비며 아주 다양한 활동을 하는 고래와 돌고래 보존 협회 (WDCS)를 지지해도 되고요.

일상생활에서 할 수 있는 '고래 살리기'

물론 물과 에너지를 아껴 쓰고 물자를 절약하는 것도 고래를 살리는 데 큰 도움이 돼요. 환경이 깨끗해져야 고래들이 사는 바다도 전보다 맑아질 테니까요.

쓰레기를 줄이기나 분리수거 하기, 나무를 심거나 가꾸는 것도 우리가 마음만 먹으면 얼마든지 할 수 있는 일이에요.

하지만 무엇보다 중요한 건 고래에게 끊임없는 관심과 사랑을 갖는 일이에요. 지금 내 앞에 보이지 않아도, 고래는 늘 나와 함께 같은 공기를 마시며 살고 있으니까요.

인간과 고래가 함께 사는 방법

　얼마 전 우리나라에서는 상괭이를 구조하거나 치료해 주는 전문 병원이 문을 열기도 했어요. 상괭이 역시 돌고래, 밍크고래처럼 혼획되거나 불법 포획되는 경우가 많았어요. 또 서식지가 파괴되거나 환경 오염 때문에 떼죽음을 당하는 경우도 종종 있었고요. 이제라도 우리 토종 고래인 상괭이를 지키고 보호하려는 움직임이 있어 다행이지요.

하지만 고래는 여전히 위기를 맞고 있고, 전 세계적으로 줄어든 개체 수를 회복하려면 더 오랜 시간이 필요해요. 어쩌면 고래 사냥 이전으로 회복되기는 불가능할지도 모르고요.

과연 인간과 고래가 이 지구에서 오래오래 행복하게 함께 살 수 있는 방법은 무엇일까요?

우리 함께 오래오래 행복하게 살자!

고래 관련 상식 퀴즈

01 고래의 머리 꼭대기에 있는 숨구멍을 (   )이라고 해요.

02 대왕고래, 귀신고래, 혹등고래는 '수염고래'에 속해요. (○, ×)

03 범고래, 향고래, 큰돌고래는 (   )에 속해요.

04 향고래는 바닷속 3000미터나 내려가서 (   )를 잡아먹어요.

05 새끼 고래가 태어날 때는 사람과 마찬가지로 엄마 배 속에서 머리부터 나와요. (○, ×)

06 고래의 뇌에도 사람처럼 (   )가 있어서 거울 속 자기 모습을 알아보아요.

07 브라질의 라구나 마을에서는 작은 물고기를 미끼로 큰돌고래를 사냥해요. (○, ×)

08 고래의 울음은 '멜론'이라는 기관을 지나면서 더 큰 신호로 바뀌어 바닷속에 퍼져요. (○, ×)

09 고래가 뭍으로 떠밀려오는 것을 무엇이라고 하나요?

10 우리나라 울산에 있는 (   )에는 신석기 시대에 고래를 사냥하던 모습이 새겨져 있어요.

11 정밀 기계에 쓰이는 고래기름과 용연향은 (   )에서 나와요.

12 동해안에서 자주 볼 수 있던 한국계 (   )는 1977년 울산 앞바다에서 딱 두 마리가 발견된 뒤 나타나지 않고 있어요.

13 군함, 잠수함, 어선, 여객선 등에서 나오는 음파 탐지기는 고래의 활동을 방해해요. (○, ×)

14 사람들이 석유와 플라스틱 등을 이용하면서 고래는 더 이상 잡지 않게 되었어요. (○, ×)

15 지구 온난화로 바닷물이 따뜻해지면 고래들이 더 살기 좋아져요. (○, ×)

16 여러 환경 단체 중에서도 특히 (   )는 해적 깃발을 걸고 사냥터에 나타나 고래잡이를 방해하기도 해요.

17 일본은 과학 포경을 위해 고래를 잡은 뒤에는 모두 바다에 풀어 줘요. (○, ×)

18 돌고래가 사는 대형 수족관을 (   )이라고 해요.

19 사람에게 인권이 있듯 동물들도 저마다 행복하게 살 권리인 (   )을 갖고 있어요.

20 우리가 물과 에너지를 아껴 쓰는 것도 멸종해 가는 고래를 되살리는 데 도움이 돼요. (○, ×)

📝 **정답**

01 분기공   02 ○   03 이빨고래   04 대왕오징어   05 ×   06 방추세포

07 ×   08 ○   09 좌초   10 반구대 암각화   11 향고래   12 귀신고래

13 ○   14 ×   15 ×   16 시 셰퍼드   17 ×   18 돌피나리움   19 동물권

20 ○

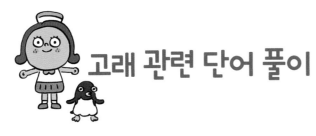

고래 관련 단어 풀이

천적 : 쥐를 잡아먹는 고양이나 펭귄을 잡아먹는 바다표범처럼, 먹이 사슬
에서 잡아먹는 위치에 있는 동물.

고래 뛰기 : 고래가 수면 위로 뛰어오르는 움직임.

이누이트 : 캐나다, 그린란드, 시베리아 등의 북극 지방에 사는 인종. 에스
키모의 다른 이름.

리바이어던 : 구약 성경 〈욥기〉에 나오는 고래를 닮은 괴물.

모비 딕 : 미국의 작가 허먼 멜빌이 1851년에 발표한 해양 소설.

아르젠티노사우루스 : 아르헨티나에서 처음 화석이 발견되어 '아르헨티나의
도마뱀'이라는 뜻의 이름을 가지게 됨. 공룡 가운데 가
장 덩치가 큰 공룡으로, 긴 목과 꼬리를 가지고 있으며
네발로 걸어 다님.

유선형 : 물이나 공기의 저항을 최소한으로 하기 위하여 앞부분을 곡선으로
만들고, 뒤쪽으로 갈수록 뾰족하게 한 형태.

분기공 : 고래가 숨을 들이쉬고 내쉬는 기관.

항온 동물 : 덥고 추움에 관계없이 체온을 늘 일정하고 따뜻하게 유지하는
동물. 온혈 동물, 정온 동물이라고도 함.

진화 : 생물이 오랜 세월에 걸쳐 대를 잇는 동안 점점 변해 감.

부력 : 물체를 떠오르게 하는 힘.

플랑크톤 : 물에 떠다니는 작은 생물.

해양 포유류 : 고래, 물개, 바다사자처럼 바다에 사는 포유(젖먹이)동물.

수염고래 : 입 안에 이빨 대신 고래수염을 지닌 고래 종류.

이빨고래 : 입 속에 고래수염이 없는 고래와 돌고래 종류.

고래수염 : 수염고래의 윗잇몸에 난 섬유질의 각질판.

크릴새우 : 작은 새우와 비슷한 난바다곤쟁이류.

갑각류 : 새우나 게처럼 단단한 껍질로 싸여 있는 동물.

적도 : 지구의 남북을 표시하는 가로줄에서 중심이 되는 선. 적도에 있는 지
      역은 태양열을 가장 많이 받아 평균 기온이 높음.

북반구 : 적도를 경계로 지구를 둘로 나누었을 때의 북쪽 부분.

남반구 : 적도를 경계로 지구를 둘로 나누었을 때의 남쪽 부분.

모성애 : 자식에 대한 어머니의 본능적인 사랑.

방추세포 : 대뇌의 앞쪽 겉 부분을 이루는 세포 중 물렛가락을 닮은 세포.

멜론 : 고래의 머리 부분에 있는 저농도의 지방이 함유된 기관.

초음파 : 사람 귀에 소리로 들리는 한계를 넘어서 들을 수 없는 음파.

음파 : 소리로서 느껴지는 파동.

헤르츠 : 진동수의 국제단위. 1초 동안의 진동 횟수.

뇌유 : 고래나 돌고래의 머리 부분에 있는 특수한 기름.

좌초 : 배, 고래 등이 암초나 뭍에 얹힘.

삼국사기 : 고려 인종 23년(1145년)에 김부식이 왕명에 따라 펴낸 역사책.

고려사 : 조선 시대에, 세종의 명으로 정인지, 김종서 등이 편찬한, 고려조
        에 관한 역사책.

바스크인 : 스페인 북부와 프랑스 남서부에 대대로 살고 있는 부족.

고래기름 : 고래의 지방 조직이나 뼈에서 얻는 기름.

윤활 작용 : 물체와 물체 사이에 기름으로 된 얇은 막을 형성해 마찰을 줄이는 작용.

증기 기관 : 끓는 물에서 나오는 수증기를 이용해 동력을 얻는 기계 장치. 석탄 등을 연료로 사용.

디젤 기관 : 1897년에 독일의 디젤이 발명한 내연 기관으로 자동차, 선박 등에 쓰임. 경유 등을 연료로 사용.

포경선 : 고래를 잡기 위해 특별한 설비를 갖춘 배.

해안선 : 바다와 육지가 맞닿은 선.

국제 포경 위원회(IWC) : 무분별한 고래잡이를 규제하기 위해 1946년에 만들어진 국제기구. 우리나라는 1978년에 가입함.

남획 : 짐승이나 물고기 등을 마구 잡음.

음파 탐지기 : 초음파를 내어 그 반사파로 물속의 장애물 등을 감지하는 장치.

생태계 : 동물과 식물이 서로 관계를 맺으며 살아가는 모양과 상태.

지구 온난화 : 지구의 기온이 높아지는 현상.

먹이 사슬 : 생태계에서 먹이를 중심으로 이어진 생물들 사이의 관계.

그린피스 : 핵 개발과 고래잡이 등을 반대하는 국제적 환경 보호 단체.

시 셰퍼드 : 고래를 보호하기 위해 1977년에 창설된 해양 생물 보호 단체.

양식장 : 물고기 등을 인공적으로 길러서 번식시키는 곳.

혼획 : 쳐 놓은 그물에 엉뚱한 종이 우연히 걸려 잡히는 것.

포획 : 짐승이나 물고기를 잡음.

정치망 : 물고기를 잡으려고 한곳에 설치해 놓은 그물. 자리그물.

돌피나리움 : 돌고래를 전시하거나 조련하는 대형 수족관.

조련사 : 동물에게 재주를 가르치고 훈련시키는 사람.

야생성 : 자연 상태에서 나고 자라는 과정에서 생긴 강한 성질.

동물권 : 동물이 학대와 불공평으로부터 보호받을 권리.

소셜 네트워킹 서비스 : 인터넷에서 다른 사람과 관계를 만들어 주는 서비스.

서식지 : 생물이 일정한 곳에 자리를 잡고 사는 곳.

참고 고래 보호에 앞장서는 국내 단체

동물 자유 연대 www.animals.or.kr

동물권 행동 카라 www.ekara.org

핫핑크돌핀스 cafe.daum.net/hotpinkdolphins

동물을 위한 행동 blog.naver.com/mecsam0221

환경 운동 연합 kfem.or.kr

생명체 학대 방지 포럼 www.voice4animals.org

애니멀 아리랑 www.facebook.com/AnimalArirang

길고양이 친구들 cafe.naver.com/feralcatfriends

한국 동물 보호 연합 www.kaap.or.kr

한국 동물 보호 협회 www.Koreananimals.or.kr

녹색 연합 www.greenkorea.org